Ernst Pasqué

Dornröschen - romantische Oper in drei Akten

Ernst Pasqué

Dornröschen - romantische Oper in drei Akten

ISBN/EAN: 9783744600255

Hergestellt in Europa, USA, Kanada, Australien, Japan

Cover: Foto ©Thomas Meinert / pixelio.de

Weitere Bücher finden Sie auf **www.hansebooks.com**

Dornröschen.

Romantische Oper in drei Acten

von

Ernst Pasqué.

Musik

von

Gottfried Linder.

Darmstadt, 1871.

Joh. Conr. Herbert'sche Hof-Buchdruckerei
(Fr. Herbert).

Textbücher zum Debit für Bühnen sind nur zu beziehen durch die

Joh. Conr. Herbert'sche Hofbuchdruckerei
(Fr. Herbert)
in Darmstadt.

Personen:

Reichsgraf Felix.

Baron Faustinus von Dornburg.

Roswitha.

Geheimdderath Chrysander.

Floris, Leibschütz.

Der Löwenwirth, Postmeister.

Meta.

Bauern, Burschen, Mädchen, Kinder und Musikanten.
Der reichsgräfliche Hofstaat.

Die Handlung geht vor im vorigen Jahrhundert, im Dorfe
Dornhausen und auf der Dornburg.

Erster Akt.

Platz vor dem Post- und Wirthshause zum Löwen in Dornhausen. Im Vorgrund das Wirthshaus, gegenüber ein Baum mit Tisch und Bank. Im Hintergrund das Dorf und über demselben, in mäßiger Ferne auf einer Höhe, die Dornburg: ein Gebäude im Roccoco-Styl, mit geschlossenen Fenstern, theilweise mit Grün überwachsen und von mächtigen Bäumen umgeben.

Scene 1.

Burschen und Mädchen; der Löwenwirth; dann Meta und Roswitha.

Die Mädchen fertigen bunte Bandschleifen, Kronen und Fähnchen von Gold-papier. Die Burschen trinken, einige sehen den Mädchen zu. Der Löwen-wirth geht ab und zu.

Introduction.

Die Burschen.

Der sonnige Mai erschien,
Ihn grüßend Lieder klingen.
Er brachte uns Blumen und Grün —
Und wird auch ein Liebchen uns bringen.

Die Mädchen.

Zu Schleifen wir schlingen
Das bunte Band;
Die Kronen wir ringen
Und Fähnlein gewandt,
Zu schmücken die Maien, zu feiern den Mai —
Daß gnädig er uns armen Mädchen sei!

Alle.

Der Mai! — der sonnige Mai! —
Wir feiern fröhlich ihn
Und wollen ihm Lieder singen.
Er brachte uns Blumen und Grün
Und wird auch den Liebsten uns bringen!
die Liebste

Die Burschen, zum Wirth.

Wo ist Meta?

Der Löwenwirth.

Ein Bäschen holt sie von jenseits der Berge,
Schön-Röschen. — Da kommen sie schon.

Meta und Roswitha treten aus dem Hause, letztere trägt Bauernkleider
und scheint verlegen. Meta zieht sie vor.

Roswitha, die Mädchen grüßend.

Ariette.

Grüß Gott Euch, ihr Mädchen!
Wenn auch unbekannt,
So heißt mich willkommen
Und reicht mir die Hand.
Arm war ich an Freuden
Und ach! — so allein!
Nun laßt mit den Frohen
Mich fröhlich sein.
Den sonnigen Himmel,
Das frische Grün,
Die duftenden Blumen,
Die rings erblühn —
Ich will sie genießen
Wie Ihr, froh und frei,
Mit Euch jubelnd grüßen
Den herrlichen Mai!

Die Burschen und Mädchen, Roswitha umringend.

Willkommen, willkommen! Schon sind wir bekannt
Und reichen zum Gruße Dir freudig die Hand.

Der Löwenwirth, aus dem Hintergrunde vortretend.

Gäste kommen — prächtige Gäste,
Wie wir sie brauchen zu unserem Feste!

Scene 2.

Die Vorigen; Reichsgraf Felix; Floris und Geheimbberath
Chrysander.

Felix ist als Student gekleidet, Floris, als sein Diener, einfach bürgerlich.
Der Geheimbberath trägt ein seinem Stande angemessenes Reisekostüm.

Felix, auftretend.

Arie.

O Lust zu wandern
Von Ort zu Ort,
Von Einem zum Andern,
Bald hier, bald dort!
    Durch Wälder
    Und Felder
Mit fröhlichem Sinn,
    Zu streifen
    Und schweifen
Genießend dahin;
Nach Abenteuern keck zu streben —
Das ist Vergnügen, das heißt leben! —
In grünen Waldes Mitte
Winkt mir des Jägers Hütte:
    Da kehr ich ein.
Kann ungehemmt mich weiden
An echten Waidmanns-Freuden
    Und fröhlich sein!
Doch ist es im Walde auch noch so schön,
    Weiter — weiter muß es gehn.
Ade, Ade! Du grünes Haus!
In die sonnige Ferne treibt's mich hinaus —

In Freiheit zu wandern
Von Ort zu Ort,
Von Einem zum Andern,
Bald hier, bald dort! — —
   Ins freundliche Städtchen
Zieh nun ich ein,
Blauaugiges Mädchen
Kredenzt mir den Wein.
Da muß ich weilen,
Von solchem Gruß
Mein Herz zu heilen
Durch Liebchens Kuß!
Noch Eins scheint mir die Welt so schön!
Und dennoch — muß es weiter gehn.
Ade, mein Liebchen, ade!
Und thut das Scheiden und Meiden auch weh,
Es muß geschieden sein,
Denn wahres Vergnügen nur ist allein —
In Freiheit zu wandern
Von Ort zu Ort,
Von Einem zum Andern,
Bald hier, bald dort! —

Die Burschen und Mädchen, unter sich, am Schluß der Arie.

Ein heitrer Gast,
Er sei willkommen!
Und mag ihm frommen
Bei uns die Rast!

Allgemeiner Chor.

Doch auf nun zum nahen Wald!
Wir ziehen singend von hinnen
Zu schmücken die Maien, denn bald
Wird Fest und Mailehn beginnen.
    (Die Burschen und Mädchen ab.)

Der Löwenwirth räumt den Tisch ab und bringt Erfrischungen für die
Gäste. Roswitha und Meta geben den Burschen und Mädchen
das Geleit.

Scene 3.

Felix; Chrysander; Floris.

Chrysander, sich Felix mit Verbeugungen nähernd.

Gnädigster Herr — Euer Gnaden — Durchlaucht! —

Felix.

Ich sagte es Euch schon: ich heiße von nun an Felix, bin
Studiosus und mache eine Fahrt durch's heilige römische Reich,
Vergnügen und Abenteuer suchend. Euer Dienst ist zu Ende und
Ihr könnt heimkehren.

Chrysander.

Heimkehren, Durch— (er verschluckt die zweite Silbe), während
hochgräfliche Frau Mutter mir zu ordonniren geruhten — Sie
nach Schloß Dudenhofen zur hochfürstlichen Brautschau zu geleiten?

Felix.

Das ist es eben! Die Brautschau mag ein Andrer halten und
meinetwegen auch die Fürstin heirathen. Ich will mir selbst eine
Lebensgefährtin suchen, doch vorerst das Leben kennen lernen und
— genießen.

Chrysander, in Verzweiflung.

Perlen und Brillanten, goldene Ketten und Spangen, den
ganzen Brautschmuck hochfürstlicher Frau Mutter befindet sich wohl-
eingepackt in meinem Felleisen!

Felix, lachend.

Auch diese Reichthümer mögt' Ihr wieder mit Euch nehmen;
auf meiner Brautfahrt brauche ich sie nicht!

Chrysander.

Und wen gedenken Durch— denn zu Hochdero Gemahlin zu
erheben?

Felix.

Ich heirathe die, welche mir gefällt, und bringe meiner Frau
Mutter eine liebe und auch würdige Tochter heim, dessen könnt
Ihr Euch versichert halten.

Chrysander.

Und wenn nun eine — eine — Bürgerliche Hochdero Neigung
und Herz enchainiren sollte?

Felix.

Dann heirathe ich eine Bürgerliche. Doch geht und überlaßt
mich meinem Schicksal, oder vielmehr meinem guten Genius.

Chrysander.

Da sei der Himmel vor! — Ich bleibe!

Felix.

Dann müßt Ihr die Gefahren theilen und — die Verantwortung tragen, denn Ihr wißt: ich suche Abenteuer und — ein Weib.

Chrysander.

Ich aber esperire, daß Beides in unsern so wohl disciplinirten deutschen Landen nicht so leicht gefunden werden dürfte.

Felix.

Nicht? — (Umherblickend und die Dornburg im Hintergrunde fixirend.) Schaut einmal dorthin, guter Chrysander! Sieht das Gebäude dort, zwischen Bäumen versteckt und von grünen Ranken förmlich umzogen, mit seinen vielen geschlossenen Fenstern, nicht auf ein Haar einem verzauberten Schlößchen ähnlich?

Chrysander.

Ich sehe in ihm nichts anderes, als die Residenz des ehemals reichsfreien Barons von Dornburg, denn, da wir uns in Dornhausen befinden, muß besagtes Schloß wohl die Dornburg sein.

Felix.

Der Teufel hole Eure Prosa! — Es ist ein verzaubertes Schlößchen und Sonderbares muß es bergen! — Mein Abenteuer ist gefunden!

Chrysander.

Zugegeben! Doch glücklicher Weise noch nicht die angedrohte — bürgerliche Gemahlin.

Felix.

Ihr irrt abermals! (Auf Roswitha deutend, die mit Meta aus dem Hause tritt.) — Da ist sie schon! — Ah! welch ein herrliches Mädchen! — Sieht sie nicht aus wie eine Prinzessin — als Bäuerin verkleidet?

Chrysander, entsetzt.

Eine Bäuerin?! — Horreur! ·

Floris.

Und ich nehme die Andere, damit sie hübsch beisammen bleiben.

Scene 4.

Die Vorigen; Roswitha; Meta.

Felix.

Nun werden wir auch Näheres über das Schlößchen dort erfahren und wer von uns Beiden Recht hatte. (Zu Roswitha.) Was ist das für ein sonderbares Bauwerk, dort auf der Höhe, mein Kind?

Roswitha.

Die Dornburg, Herr.

Chryfander.

Seht Ihr wohl!

Felix.

Und was birgt der stumme grüne Aufenthalt, wer bewohnt ihn?

Roswitha, verlegen.

Wer ihn bewohnt? — Ich — ein —

Meta, rasch.

Ein Hexenmeister —

Felix, lachend.

Haha! (Zu Chryfander.) Nun, hatte ich nicht Recht?

Meta.

Der einen Schatz hütet — einen Schatz, so schön wie — Base
Röschen hier.

Felix.

Immer besser! — Und warum hält der böse Zauberer die
holdselige Prinzessin gefangen?

Meta.

Das müßt ihr ihn selber fragen! — Und wenn es auch just
keine Prinzessin ist, obgleich sie werth wäre, eine zu sein — so ist
es doch eine wahrhaft adelige Dame, die nur den etwas heidnisch
klingenden Namen Roswitha trägt und dort hinter den geschlossenen
Fenstern ihr armes Leben verträumen muß, ohne etwas von den
Menschen, der Welt zu sehen, die doch so schön ist.

Floris.

Noch von der schönen Sorte der Menschenkinder!

Meta.

Wozu Er aber nicht gehört! — Ach, und die arme Roswitha
wäre doch so gerne fröhlich und aus ihrem verzauberten grünen
Kerker erlöst!

Felix, in Gedanken.

Sonderbar! Das ist ja wie in dem Märchen von Prinzessin
Dornröschen!

Roswitha.

Prinzessin Dornröschen?

Meta.

Erzählt uns das Märchen, junger Herr — wenn es hübsch ist
und hübsch endigt. Base Röschen hört solche Märchen gar zu gerne.

Felix, zu Roswitha.

Ist es so, mein schönes Kind? (Roswitha nickt bejahend.) So hört!

Das Märchen vom Dornröschen.

(Unter leiser Musikbegleitung beginnt Felix.)

Felix.

1.

Es war einmal ein König und eine Königin, denen schenkte
der Himmel eine Prinzessin, die war wunderschön und engelsgut,
denn alle Feen des Reiches hatten ihr bei der Taufe ihre besten
Wünsche und Gaben dargebracht. Eine böse Fee aber, die man
einzuladen vergessen, weissagte Unheil. —

Zählt die Prinzessin achtzehn Jahr,
Droht durch eine Spindel ihr Gefahr,
Und Alle die im Schloße weilen
Müssen ihr Schicksal theilen:
Prinzessin Dornröschen schlafen muß
Tag und Nacht,
Bis durch des Liebsten Kuß
Sie erwacht.
Der Haß läßt sie schlafen in Dornen versteckt,
Bis Liebe zu neuem Leben sie weckt!

Alle, leise.

Der Haß läßt sie schlafen in Dornen versteckt,
Bis Liebe zu neuem Leben sie weckt!

Felix.

2.

Der König aber verbot die Spindeln in seinem ganzen Reiche.
Doch als Prinzessin Dornröschen achtzehn Jahre alt geworden, da
begab es sich, daß sie eine alte Frau fand, die hoch oben in einem
Thurme und ganz allein wohnte — die spann. — Dornröschen
sah das wundersame unbekannte Ding, faßte, wie nach einem
Spielzeug, voll Freuden darnach und —

Die Spindel das arme Dornröschen stach
Und Alles im Zauberschlafe lag.
Mächtige Dornen, wohl nimmer zu zwingen,
Schloß und Schläfer umringen.
Prinzessin Dornröschen nun schlafen muß
Tag und Nacht,
Bis durch des Liebsten Kuß
Sie erwacht.

Schlafen muß sie unter Dornen versteckt,
Bis muthige Liebe zum Leben sie weckt!
                                      Alle.
Schlafen muß sie unter Dornen versteckt,
Bis muthige Liebe zum Leben sie weckt!
                                      Felix.
                              3.
Da kam ein junger Königssohn des Wegs daher und sah das
Schloß mit seinem grün-dornigen Hag, hörte von Dornröschen
und wie schön und unglücklich sie sei. Da gab die Liebe ihm
Muth, das Abenteuer zu bestehen und die schöne schlafende Prin-
zessin zu erlösen.
    Nicht schreckten ihn Dornen, kühn drang er hindurch
    Bis in die öd-prächtige Königsburg.
    Er fand die Schläfer, auf schwellenden Kissen
        Dornröschen — und mußte sie küssen!
    Bis tief in die Seele drang ihr der Gruß,
        Den Liebe entsandt.
    Und durch des Liebsten Kuß
        Der Zauber schwand.
An seiner Brust Dornröschen erwacht,
Ein Wunder, das treue Liebe vollbracht!
                                      Alle.
An des Liebsten Brust Dornröschen erwacht,
Ein Wunder, das treue Liebe vollbracht!
                                      Meta.
Ein hübsches Märchen, nur etwas unheimlich.
(In diesem Augenblick stößt Roswitha einen unterdrückten Schrei aus und
flieht erregt in's Haus. Alle fahren erschrocken zusammen. Im Hintergrund
erschien eine eigenthümliche Figur, ein Mann in verblichenen altfränkischen
Kleidern, langer weißer Allonge, mit hohem Rohrstock. Er sieht sich langsam
um und tritt dann ebenso langsam vor, ohne die Fremden, welche ihn
beobachtend sich zurückgezogen haben, zu sehen.)

                              Scene 5.
Die Vorigen, ohne Roswitha; Baron Faustinus von
                              Dornburg.

                    Melodram.   Quartett.
            Meta, leise und fast zitternd, zu Felix.
    Ein Wunder! — Das ist Baron Faustinus von Dornburg,
der seit Jahren sein Schloß nicht verlassen, den außer mir, kaum
irgend Jemand gesehen.

Der Baron, im Vortreten, für sich, mit dem Stock an den Fingern zählend.

Sonntag — Montag — Dienstag — Mittwoch — Hm! — Donnerstag — Freitag — Samstag — Hm, hm!

Felix, bei Seite.

Das ist ja ein lebendiger Kalender!

Der Baron. (Aufschauend bemerkt er Meta, die ihn mit Knixen erwartet.) Ah, Meta! — Ist die Reichspost schon angekommen?

Meta.

Heute in der Früh', Euer Gnaden, und nur drei Stunden zu spät.

Der Baron.

Selbige hat einen Brief anhero gebracht, für mich — aus Schwaben. Hole ihn mir Metella! (Meta rasch ab in's Haus; der Baron fährt fort in früherer Weise zu zählen.) Sonntag — Montag — Dienstag — Mittwoch. — Er muß arriviret sein!
(Die Musik endet.)

Meta, kommt wieder.

Zwei Briefe hat die Reichspost gebracht.

Der Baron.

Dann gieb sie mir alle beide, sie können nur für mich sein.

Meta.

Der eine war ein Schreibebrief an den reichen — armen Thalmüller, den sie gestern begraben.

Floris, bei Seite.

Der kam zu spät — wie die Post.

Meta.

Die Erben haben ihn nicht bekommen, da er nicht an sie adressirt war, und so hat ihn die Post wieder mitgenommen.

Der Baron, eine Prise nehmend.

Ganz in der Ordnung!

Meta.

Der andere Brief war für unsern Schullehrer — er kam weit her, so sagte der Postillon dem Vater. Doch da der Herr Magister das viele Porto nicht zahlen konnte, hat ihn die Post ebenfalls wieder mitgenommen; für den Herrn Baron war keiner dabei.

Der Baron.

Impossible! — Er muß geschrieben haben, denn meine Epistel ist ihm geworden. Sonntag — Mont — Oder sollte er mich in

höchststeigener Person beehren wollen? — So muß es sein — sonst
hätte er seinem Jünger geantwortet. — Er ist abgereist, am Ende
schon hier! — Sonntag — (Er wendet sich und erblickt die Fremden.
Stummes, staunendes Anschauen, dann gegenseitige Verbeugungen.) Diese
würdige, hochgelahrte Visage in der gewaltigen Staatsperrücke?
Wenn er es wäre, der große bewundernswerthe Meister, der würdige Erbe der Kunst und des Namens Paracelsus!

Felix
(der den Baron immerfort beobachtet und alles gehört, bei Seite).
Paracelsus? Der Baron ist ohne Zweifel ein Adept. Herrlich!
(Er tritt auf ihn zu.) Der gnädige Herr scheinen eine Message des
hochberühmten Wundermannes, Theophrastus Paracelsus des
Jüngeren, oder gar den Meister selbst zu erwarten?

Der Baron, erregt.
So ist es, junger Herr!

Felix.
Ihren Namen, Titul und Rang, wenn ich bitten darf?

Der Baron.
Baron Faustinus von Dornburg, Herr zu Dornhausen, ehe-
maliges reichsfreies Lehn des Fürstenthums —

Felix.
Ich danke dem Zufall, der uns hierhergeführt, denn wir sind
am Ziel unserer Reise! — Herr Baron, ich habe die Ehre, Ihnen
hier (auf Chrysander deutend) den hoch- und weltberühmten Meister
magischer Künste, den Entdecker des Steins der Weisen, des gött-
lichen Verjüngstrankes, den großen Theophrastus Bombastus
Paracelsus den Zweiten in höchststeigener Person vorzustellen.
(Musik. Chrysander fährt mit einer Bewegung des Entsetzens zurück.)

Der Baron, vor Freuden aufschreiend.
Ah! (Er betrachtet Chrysander mit gefalteten Händen und in verzückter
Bewunderung. — Meta hat sich unbemerkt in's Haus geschlichen.)

Chrysander, leise und flehend.
Aber gnädiger Herr —

Felix, ebenso.
Ihr seid Paracelsus! Kein Wort weiter, bei meiner Ungnade!

Der Baron, aus seiner Starrheit erwachend.
Bombastus — Theophrastus — — Paracelsus!

Scene 6.

Felix; Floris; Chrysander; Baron Faustinus.

Quartett.

Der Baron, sich verbeugend.

Ihr seid der große Wundermann?!

Chrysander, ebenso.

Zu dienen! (Bei Seite.) Was man nicht werden kann?!

Der Baron.

Der endlich den Stein der Weisen fand.

Chrysander.

Wer sucht, der findet, das ist bekannt.

Der Baron.

Der zu verjüngen uns vermag —

Chrysander.

Um hundert Jahr — und einen Tag.

Der Baron.

Durch seine prima materia.

Chrysander.

Ein Wunder (bei Seite), das leider noch Niemand sah!

Ensemble.

Der Baron, sich vergnügt die Hände reibend.

Wie bin ich entzückt,
Daß mir es geglückt,
Zu sehen den Mann,
Der so Großes ersann.
Sein hochweiser Rath,
Den ich mir erbat,
Er führet behend
Auch mein Werk zu End.

Chrysander.

Soll lachen ich, oder soll ich weinen?
Ein Diplomat,
Geheimbde-Rath,
Muß ich — fi donc! — ein Wundermann scheinen!

Felix.

Vortrefflich spielt er seine Rolle,
Was nie er that
Als Diplomat,
Und gerne ich ihm Beifall zolle.

Floris.

Haha! ist das
Ein göttlicher Spaß!
Der Diplomat,
Geheimbde-Rath —
Und sträubte er
Sich noch so sehr,
Er muß — o Pein!
Ein Wundermann sein!

Der Baron.

Ihr habt meinen Brief empfangen?

Chrysander.

Euren Brief? —

Felix, einfallend.

Ich las ihn dem Meister sogleich.

Der Baron.

Ich brenne vor Verlangen
Mir Rath zu holen bei Euch. —
Ich laborire
Und destillire
Schon zwanzig Jahr;
Examinire,
Perfectionire,
Und auf ein Haar
Da hätte ich gefunden
Das große Magisterium.

2

Chrysander.

Doch ist's Euch wieder entschwunden
Und das — war dumm.

Der Baron, in Extase.

O Endziel meines Strebens,
Du Panacee des Lebens!
Wann werd' ich dich ergründen,
Den Stein der Weisen finden?!

Felix, auf Chrysander deutend.

Hier steht der Mann,
Der solches Wunder vollbringen kann:
Paracelsus der Zweite,
Der die Kunst erneute
Seines großen Ahnen
Und in neue Bahnen
Hat gelenkt.
(Sehr wichtig.) Das bedenkt! —

Chrysander, zum Baron.

Das bedenkt! —

Floris, an seiner anderen Seite.

Das bedenkt! —

(Der Baron verbeugt sich in einemfort; wie er antworten, reden will,
kommt Felix ihm zuvor.)

Felix.

Doch, Herr Baron, Sie werden pardonniren,
Mein großer Meister liebt es nicht
Auf offener Gasse zu dociren;
In geweihter Stille nur leuchtet sein Licht.
So kommen wir denn heute Nachmittag
Um drei Uhr zu Euch, mit dem Glockenschlag.

Der Baron, mit tiefer Verbeugung.

Zu mir?! ich werde mich glücklich preisen! —

Chrysander.

Dann sollt Ihr ihn sehn, den Stein der Weisen.

Ensemble.

Felix.

Die List ist gelungen;
Die Dornen bezwungen
Hat sie, und in's Zauberschloß ziehe ich ein.
Nun werde Prinzessin Dornröschen ich sehn,
Und ist sie schön —
Sie küssen, befrei'n!

Der Baron.

Es wird mir gelingen,
Geheimes zu zwingen,
Nach Jahren der Mühen am Ziel mich zu sehn.
Nun werden mir Schätze ohne Zahl
Mit einem Mal
Aus Nichts erstehn!

Chrysander.

Was soll ich beginnen?
Ich möchte von hinnen
Und doch muß ich bleiben. — O quel malheur!
Adept, Laborant, muß in Wahrheit ich sein —
Wo nehm' ich den Stein
Der Weisen nur her?

Floris.

Die List ist gelungen,
Der Eingang erzwungen,
In's Zauberschloß ziehen wir Alle nun ein.
Ich hab' mir das Röschen Dornröschens ersehn,
Und will — wenn sie schön,
Sie küssend befrei'n.

Während des Nachspiels, das wieder in das geheimnißvolle Motiv des Melo-
drams übergeht, entfernt sich Baron Faustinus, von Chrysander und
Felix begleitet und unter steten ceremoniellen Verbeugungen. — Der Baron
verschwindet langsam im Hintergrunde; Felix, Chrysander und Floris
gehen hinter dem Wirthshause ab.

Scene 7.

Roswitha; Meta, aus dem Hause tretend.

Roswitha, erregt nach dem Hintergrunde schauend.

Er ist fort! — Was wollte der Vater hier? — Was trieb ihn aus dem Schlosse und unter Menschen?

Meta.

Eine Grille, wie er deren so viele hat.

Roswitha.

Ich kann nicht länger bleiben, Meta, ich muß fort! Was ich gethan, war Unrecht und nicht vermag ich mich mehr zu freuen.

Meta.

Beruhigt Euch doch, Fräulein! Der Herr Baron wird keinen Argwohn schöpfen. Als ich Ihnen den Vorschlag machte, mit mir — die ich auf dem Schlosse aus- und eingehen darf — herab in's Dorf zu kommen, um das Maifest mit unsern Burschen und Mädchen zu feiern, da weinten Sie vor Freuden, doch hielten Sie es für unmöglich. In meinen Kleidern schlüpften sie hinaus, waren frei und lachten Ihrer früheren Besorgniß.

Roswitha.

Doch jetzt kehren Angst und Zweifel zurück.

Meta.

Dann wollen wir sie mit Frohsinn und heiterem Sang aus dem Felde zu schlagen suchen!

Lied und Duettino.

Meta.
(Lied im Volkston.)

1.

Es wollte ein Mägdlein, die Liebe zu flieh'n,
Zum tiefen grünen Walde zieh'n.
Da war es so einsam und still um sie her;
Nun fürchtet das Mägdlein die Liebe nicht mehr.

Ihr Herzchen nur hörte sie schlagen,
Die Vögelein singen und klagen,
Die Blätter der Bäume rauschen —
Dem mußte das Mägdlein lauschen:

Die Liebe hat Flügel
Und findet Dich bald,
Sie fliegt über Hügel
Und Berge und Wald.
Und wähnst Du sie ferne,
So ist sie Dir nah,
Und willst Du sie fliehen —
Dann ist sie schon da!
Als Abends heimwärts die Schritte sie lenkt,
Da hatte ihr Herz sie dem Jäger geschenkt.

2.

Es wollte ein Mägdlein, die Liebe zu flieh'n,
Ihr Haus mit Mauern und Zinnen umzieh'n.
Verschlossen die Fenster, verriegelt das Thor,
Vergebens klopfte manch' Freier davor.
Nun sieht sie nicht Wald mehr noch Auen,
Kann nur in den Himmel schauen.
Doch Sonnenglanz und Sterne,
Die Wolken ihr flüstern von ferne:

Beide.

Die Liebe hat Flügel
Und findet Dich bald,
Sie fliegt über Hügel
Und Berge und Wald.
Und wähnst Du sie ferne,
So ist sie Dir nah,
Und willst Du sie fliehen —
Dann ist sie schon da!
Was halfen die Mauern! Ein Ritter kam,
Der Schloß und Herz im Sturme ihr nahm!

Meta.

So gefällst Du mir! Nun bist Du wieder Röschen, und fröhlich
können wir mit den Burschen und Mädchen das Maifest begehen.

Roswitha.

Gute Meta! Dir verdanke ich doch die frohesten Augenblicke
meines einsamen Daseins.

Meta.

Da sind die Maiburschen und Mädchen schon!

Scene 8.

Die Vorigen; ländliche Musikanten; Burschen, Mädchen und Kinder mit dem Maibaum; der Löwenwirth, Felix, Chrysander und Floris.

Finale.

Burschen und Mädchen festlich mit Maien und Blumen geschmückt. Die Mädchen tragen Sträuße, die Kinder Backwerk und andere Eßwaaren und die Burschen ein jeder eine Kerze (unangezündet). Voraus geht das „Laubmännchen", ein Knabe ganz mit Maien bedeckt; er allein trägt eine brennende Kerze. Hinter ihm zwei Burschen mit Peitschen, welche sie im Tacte der Musik knallen lassen; Andere tragen die Abzeichen des zu erwählenden Maischöffen, sowie die festlich geschmückte Trage für die Maikönigin. Nun folgt der Maibaum mit bunten Schleifen, Kronen und Fähnchen von Goldpapier ic. verziert. Der Löwenwirth eilt den Ankommenden mit Krügen ic. entgegen.

Die Burschen und Mädchen.

(Umzug über die Bühne, unter Begleitung der mitziehenden Musikanten.)

König Mai, er ist erschienen,
Jeder preis't ihn laut!
Alles ließ er blüh'n und grünen,
Blumen, Busch und Kraut.
Seines Einzugs uns zu freuen
Haben wir gebaut
Einen Thron von grünen Maien
Ihm und seiner Braut!

Die Kinder.

Wir zogen von Haus zu Haus
Und holten die Eier heraus,
Und Wein und Weck
Und Kuchen und Speck.
Das wollen wir lustig verzehren,
Dem Mai — dem Mai zu Ehren!

Dem Löwenwirth wird eine mit Maien verzierte Mütze aufgesetzt und ein langer Blumenstab in die Hand gegeben.

Der Löwenwirth, *als Maischöffe, neben dem Laubmännchen stehend.*

Merkt auf denn, und Ruhe! — Das Mailehn beginnt!
Die Maikönigin, das erste Lehn!
Wer bietet, und wer soll Königin sein?
Es gilt der Gulden zehn!

Ein Bursche.

Zehn Thaler! —

Ein Anderer.

Zehn Kronen! —

Felix, vortretend.

Zehn Ducaten! —

(Pause. Allgemeine staunende Ueberraschung. Alle erheben sich, auf Felix
blickend.)

Die Burschen und Mädchen, unter sich.

Er bietet Gold! — Wer mag es sein?

Felix, sich Roswitha nähernd.

Röschen soll Maienkönigin sein. —
Mein bist Du nun. (Innehaltend.) Doch nein!

Cantilene.

Nicht will ich mit eitlem Golde
Erkaufen solch schönes Glück;
Ich bitte nur: gönne mir Holde,
Aus eigenem Trieb' einen Blick.
O laß mich als Rose Dich grüßen,
Die der sonnige Mai gebar,
Und Huldigung, Dir zu Füßen,
Bringen der Schönheit dar.

(Er kniet vor ihr nieder. Roswitha, anfangs verwirrt, hat sich wieder
gefaßt.)

Roswitha, lachend.

Haha! Zu knien ist hier nicht Brauch.
Ihr habt mich ersteigert, müßt nun auch
Als Lehn mich behalten — und das sogar —
Für ein ganzes Jahr.

Felix, mit Feuer.

Nein, für's ganze Leben!

Chrysander, der zu ihm getreten, leise zu ihm.

Was thut Ihr, Herr? —

Felix, enthusiastisch zu ihm.

Zur Königin sie erheben!

Meta.

Nun mußt Du uns singen
Vor allen Dingen
Das Mailied, und Alle stimmen wir ein!

Alle.

Das Mailied!

Roswitha.

Hört an!

Mailied mit Chor.

1.

Auf Frühlingslüften ziehet heran — so fröhlich und frei,
Mit Rosenwölkchen angethan — der König Mai!
Den goldenen Wagen, mit Perlen bethaut,
Frau Sonne aus ihren Strahlen ihm baut.
Und Blumen und Blüthen streut seine Hand
Ueber Fluren und Felder, durch's ganze Land,
Zu schmücken die Erde als seine Braut!
 Doch nicht allein
 Der Blumen Schaar
 Und Sonnenschein
 Bringt er uns dar. —
 Vom Himmel, dem blauen,
 Woher er kam,
 Die keimende Liebe
 Er mit sich nahm.
 Und die nun zieht,
 Eh' man's versieht,
 Mit Blumenduft
 Und Maienluft
 Und Sonnenschein —
Verstohlen in's Herz der Menschen ein.

(Beim Nachspiel tanzen die Burschen und Mädchen um den Maibaum.)

Roswitha.

2.

Nur Frohsinn und Freude folgt seiner Spur — wo immer es sei!
Zu neuem Leben erwacht die Natur — durch König Mai!

Selbst in die ärmste Menschenbrust,
Da träufelt er Hoffnung und Lebenslust.
Wie Rose an Rose durch ihn erblüht,
So Herz zu Herzen er mächtig zieht,
Und überall Liebe durch ihn erglüht!
 Denn nicht allein
 Der Blumen Schaar
 Und Sonnenschein
 Bringt er uns dar.
 Vom Himmel, dem blauen,
 Woher er kam,
 Die keimende Liebe
 Er mit sich nahm.
 Und die nun zieht,
 Eh' man's versieht,
 Mit Blumenduft
 Und Maienluft
 Und Sonnenschein —
Verstohlen in's Herz der Menschen ein!
(Sofort in das Schluß-Ensemble übergehend.)

Ensemble.

Felix.
An mir ihr Lied sich erfüllt!
Mit Blumenduft und Sonnenschein
Und Maienluft, da zog ihr Bild
Und Liebe in's Herz mir ein.

Chrysander.
Entsetzlich, wenn sich erfüllt,
Womit Serenissimus gedroht,
Er eine Bäuerin zu lieben gewillt —
 Mein Untergang wär' es, mein Tod!

Floris mit dem Chor.
Nun fort zum Tanz!
Auf der Wiese im Freien,
 Im Sonnenglanz,
Wir schließen die Reihen.

Und laſſen beim Klang der Schalmei
Die Maienkönigin leben,
Und ihn, der den Liebſten
die Liebſte uns gegeben —
Den ſonnigen Mai!

Roswitha und Meta wiederholen den Refrain des Mailiedes, dann wird
Erſtere mit einem Blumenkranz geſchmückt, auf den Maienthron geſetzt und
von mehreren Burſchen davongetragen. Fellz begleitet ſie, während die
Burſchen und Mädchen jetzt paarweiſe und mit angezündeten Kerzen ſingend
und tanzend folgen. Chryſander bleibt mit Geberden der Verzweiflung
im Vorgrund. Der Vorhang fällt.

Ende des erſten Acts.

Zweiter Act.

— — —

Garten auf der Dornburg. In der Tiefe ein verschnörkeltes Gitter-
thor. Zwischen den Bäumen Statuen und Vasen, zerbrochen und
von grünem Blätterwerk umrankt. Im Vorgrund, links, eine
große Freitreppe mit zierlicher Balustrade, die auf Terrassen führt.
Vor der Seitenwand der Treppe, ganz im Vorgrund, eine Steinbank, halb zerfallen und von einem Gebüsch wilder Rosen umgeben.
Auf der rechten Seite der Bühne ein kleiner Pavillon mit practi-
cabler Thüre. — Eine tiefe Ruhe liegt über diesem Bilde öder
verfallener Gartenpracht eines vergangenen Jahrhunderts gebreitet.

Scene 1.

Felix, allein; dann Roswitha hinter der Scene.

Recitativ und Romanze.

Felix.

Ist es ein Traum, ein Märchen, das ich lebe?
Oder Wahrheit geworden, was mir die Amme erzählt,
Wovon ich als Jüngling geträumt?
Die duftende Wildniß — dies Schloß in verfallener Pracht! —
Kein Laut — kein Hauch! — nicht regt sich Blatt noch Zweig.
Mich weht es an so wunderbar:
Ich bin in Dornröschens Zauberreich!

Romanze.

Ein märchenhaft Geheimniß schlummert hier,
    Dem wohl ein süßes Wunder keimt.
    Kann Liebe dich lösen, enthülle dich mir,
Und Wahrheit werde, wovon meine Seele träumt!

Bist Du es, Zauberin, die waltet hier,
Die meinem Sehnen zu lange gesäumt?
Kann Liebe Dich bannen, erscheine mir,
Daß Wahrheit werde, wovon meine Seele träumt!

Nach einer Pause, während welcher Felix, die Arme fast wie beschwörend er=
hoben, die erregten Blicke in der Runde schweifen läßt, ertönt plötzlich, von
der Seite der Terrassen und in der Ferne, der Gesang Roswitha's.

Roswitha, hinter der Scene.

Doch nicht allein
Der Blumen Schaar
Und Sonnenschein
Bringt Mai uns dar.
Vom Himmel, dem blauen,
Woher er kam,
Die keimende Liebe
Er mit sich nahm.
Und die nun zieht
Eh' man's versieht
Mit Blumenduft
Und Maienluft
Und Sonnenschein —
Verstohlen in's Herz der Menschen ein.

Felix, während dem, gesprochen.
Diese Weise? — Das ist Röschens Stimme! Meine Mai=
königin hier?! — Der Traum zerstiebt, des Märchens Nebelwolken
zerfließen im goldenen Sonnenschein des vollen und schönen Lebens,
das mir mit all' seiner frohen Lust in diesen Tönen winkt! —
Und nicht vergebens sollt ihr mich geweckt haben! — Fort, zu ihr!
(Rasch ersteigt er die Stufen der verfallenen Treppe und verschwindet auf
den Terrassen.)

Scene 2.
Meta; Chrysander; Floris; dann Felix.

Meta, in der Seitencoulisse rechts.
Folgt mir, Ihr Herren, hier sind wir am Ziel.

Floris, noch hinter der Scene.
Das ist ein Glück! (Er erscheint.) Denn in diesem verwilderten
Garten kann man sein Leben riskiren und noch obendrein sich die
Kleider zerreißen.

Chrysander (in einem etwas derangirten Anzuge, die Allonge voller Blätter ꝛc. Er trägt ein reiches Schmuckkästchen unter dem Arm.)
Welch' horrible, gesetzwidrige Unordnung!

Floris.

Das sieht hier sauber aus! — Da liegen Götter und Potentaten, von ihrer Höhe herabgestürzt, auf dem Rasen, und einige dazu noch ohne Köpfe.

Chrysander.

Keine hochverrätherischen Reden, Floris!

Floris.

Hier ist sogar ein gekröntes Haupt — dem die Nase fehlt. Den können seine Räthe doch nicht mehr an der Nase herumführen. Nicht wahr, Herr Rath — Herr Paracelsus, wollte ich sagen!

Meta.

Genir' Er sich nicht, denn mir macht Er so leicht nichts weiß. Der da (auf Chrysander deutend), ist ebensowenig ein Wundermann — wie Er.

Felix, vor der Treppe, auftretend, in Gedanken.

Sonderbar! ich fand Röschen nicht. Nur eine junge Dame sah ich in der Ferne und in dem wirren Grün der Büsche verschwinden. Auch sie konnte ich in der Wildniß nicht mehr finden. (Aufschauend.) Ah, da seid Ihr!

Meta.

Ich habe die Beiden glücklich hierhergebracht.

Felix.

Ist Röschen bei Dir?

Meta.

Wie soll die hierher kommen?! — Sie ist auf der Wiese beim Tanz.

Felix.

Nachdem ich mit ihr dort angelangt war, verschwand sie und ich suchte sie vergebens. — Nun glaubte ich sie hier.

Meta.

Und habt sie abermals gesucht?

Felix.

Und wieder nicht gefunden.

Meta.

Der junge Herr scheint noch kein Meister im Suchen zu sein und — ein Röschen ist doch so leicht gefunden!

Felix, sinnend.

Doch hörte ich sie — dort im Garten.

Meta, geheimnißvoll.

Vergesse der Herr nur nicht, daß wir uns in einem verzauberten Schlosse befinden.

Felix.

Ganz recht! und das Geheimniß des Orts will ich ergründen um jeden Preis. Willst Du mir dazu beistehen?

Meta.

Mit Freuden! und wäre es nur, um den alten Hexenmeister ein wenig zu strafen dafür, daß er die arme verzauberte Prinzessin so eng gefangen hält.

Felix.

Es ist also wirklich eine Dame hier eingeschlossen?

Meta, wichtig.

Eine junge und schöne Dame, die — wenn sie nicht verzaubert ist, doch auf alle Fälle bezaubern kann.

Felix.

Mein Plan ist gemacht. (Zu Chrysander.) Diesmal will ich in Eurem Bratenrocke, Eurer Staatsperrücke den neuen Paracelsus spielen und dem armen Baron sein Kupfer, wenn auch nicht auf alchymistischem, doch auf ganz natürlichem Wege in Gold verwandeln. — Als Lohn verlange ich dann —

Meta.

Die verzauberte Prinzessin. So ist's Recht!

Felix, zu Chrysander.

Habt Ihr gethan, wie ich befohlen?

Chrysander, Felix das Kästchen gebend; mit einem tiefen Seufzer.

Hier, Durch — ist die goldene Ehrenkette, welche hochfürstliche Frau Mutter mir für den Brautvater, den Grafen von Dudenhofen, mitzugeben geruhten.

Felix, das Kästchen nehmend.

Alles Uebrige bewahrt Ihr, bis ich es von Euch verlange.

Chrysander, mit tiefer Verbeugung.

Wie Sie befehlen! (Bei Seite.) Zum Glück handelt es sich doch diesmal um eine Prinzessin!

Felix, zu Meta.

Und nun erzähle mir vom Baron und seinen alchymistischen Versuchen.

Meta.

So hört!

(Alle umringen Meta, geheimnißvoll ihren Worten lauschend.)

Lied und Quartett.

1.

Meta.

An glühendem Ofen, Jahr aus, Jahr ein,
Da sucht er schmelzend den magischen Stein,
Der Eisen verwandelt in Gold
Und ewige Jugend uns zollt.
— So wie man spricht,
Ihr glaubt's wohl nicht? —
Doch wie er auch siedet
Metalligen Brei,
Er findet und schmiedet
Nur Kupfer und Blei. —
Sein rastloses Ringen nach goldenem Tand
Muß trügerisch sich erweisen.
Nur wer des Lebens sich freut, der fand
Den wahren Stein der Weisen.

Alle.
(Wiederholung des Refrains.)
Sein rastloses Ringen nach goldenem Tand ꝛc.

2.

Chrysander.

Wenn Gold auch das Leben verschönern kann,
Erhält es doch wahre Weihe nur dann,
Wenn uns ein Titel beglückt,
Die Brust — ein Orden schmückt.
Das ahnt er nicht,
Der arme Wicht! —
Wie beuget die Menge
Bewundernd das Haupt!
Nun ist man ein homo,
An den man glaubt.
Jed' anderes Ringen nach goldenem Tand,
Muß trügerisch sich erweisen,
Wer Rang und Titel hat, der fand
Den wahren Stein der Weisen! —

Alle.

(Wiederholung des Refrains.)

Jed' anderes Ringen nach goldenem Tand ꝛc.

3.

Floris.

Nicht Gold noch Ehren sind höchstes Ziel
In unseres Lebens buntem Spiel.
Ein Glück, beneidenswerth,
Ward uns vom Himmel bescheert.
— So wie man spricht,
(Zu Meta.) Du kennst es nicht?
Die Liebe, die Liebe!
Sie macht Alle gleich,
Den Bettler zum König
Und glücklich und reich.
Jed' anderes Ringen nach goldenem Tand,
Muß trügerisch sich erweisen.
Nur Der, der liebt und geliebt wird, fand
Den echten Stein der Weisen.

Alle.

(Wiederholung des Refrains.)

Jed' anderes Ringen nach goldenem Tand ꝛc.

Nach dem Liede schreit Meta plötzlich auf: „Der Alte!" und rasch fliehen
Alle hinter den Pavillon rechts.

Scene 3.

Der Baron; dann Felix.

Duett.

Nach kleiner Pause tritt der Baron auf, im Vorgrund rechts vor den Pavillon.

Der Baron, sich umschauend.

Noch Niemand ist zu sehn! — Und doch hat er passirt
Das Thor, wie man es mir gebührend avisirt.
Mich foltert Ungeduld. — Wo er nur säumen mag?
Er meldete sich an doch mit dem Glockenschlag.
(In der Allee erscheint Felix, im Rock, in der Weste und Allonge Chrysanders.)
Ah! da ist er! (Geht ihm entgegen. Begrüßungen.)
Herr Paracelsus, j'ai l'honneur.

Felix.

Monsieur le Baron, votre serviteur!

Der Baron.

Ich bin enchantirt!

Felix.

Und ich sehr charmirt!

Der Baron, seine Uhr ziehend.

Schon fürchtete ich,
Da die Stunde verstrich —

Felix, ihm seine Uhr hinhaltend, mit Pedanterie.

Verzeiht! — noch der Secunden zwei,
Dann schlägt es Drei!

(Er läßt seine Uhr mit hellem Silberton Drei schlagen. Der Baron
verbeugt sich.)

Doch wollt mich, um keine Zeit zu verlieren,
In Euer Laboratorium führen.

Der Baron, mit geheimnißvollem Entzücken nach dem Pavillon deutend.

Dort glüht's im Aschenherde,
Und Kupfer, Blei und Erde
Sich finden aller Orten,
Wie Tigel und Retorten.
Ich öffne Euch mein Heiligthum,
Mein kostbar Laboratorium.

Er öffnet die Thüre des Pavillons, aus dem ein mattröthlicher Feuerschein
bringt, dann tritt er ein.

Felix, für sich, während der Baron im Pavillon weilt.

Ich muß das Geheimniß ergründen,
Das neckend mich hier umgiebt,
Die holde Zauberin finden,
Die ahnend mein Herz schon liebt!

Der Baron, wieder vortretend.

Nun großer Erkunder,
Vollbringe das Wunder,
Durch Deine Tincturen
Und magische Curen!
Der Stein der Weisen
Verwandle mein Eisen
Und Kupfer in Gold.

Felix, gewichtig.

Es wird gescheh'n, wie Ihr gewollt.

(Felix tritt in den Pavillon.)

Der Baron, während dem, sieht sich.

Ich muß das Geheimniß ergründen,
Womit das Metall er belebt.
Und läßt er die Lösung mich finden,
Sei eigen ihm, was er erstrebt.

Das Innere des Pavillons wird durch eine rothfeurige Gluth erhellt.
Felix tritt wieder vor.

Felix, zum Baron.

Es ist gethan;
Schon fängt die Wirkung an.

(Ihn geheimnißvoll vorziehend und auf den Pavillon deutend.)

Terra cruda,
Prima materia,
Giebt dem Schwalle
Unedler Metalle
Die Perfection.
Doch nicht in Barren
Wird es erstarren.
Nicht zu abnormen,
Doch edlen Formen
Fügt es sich schon.

Der Baron.

O großer Mann!

Die rothe Gluth im Pavillon flammt heller auf, dann erlischt sie; zugleich
schlägt Dampf und Rauch aus der Thüre auf.

Felix.

Es ist gethan.
Nun geht
Und seht!

Der Baron tritt in den Pavillon und erscheint gleich wieder mit einem
Schmelztiegel und einer Zange in den Händen.

Der Baron.

O Wunder! mein Blei ward zu Gold!

Felix.

Und ich wette

Sogar —

Der Baron.

Zu einer Ehrenkette!

Mit der Zange hat er eine Kette aus dem Tigel geholt, die er nun hoch
empor hält; außer sich vor Bewunderung.

Wie kann ich Euch preisen,
Mich dankbar beweisen,
Daß Ihr mich so glücklich gemacht?!

Felix.

Eine Dame Ihr im Schlosse bewacht —

Der Baron.

Roswitha, mein Kind?

Felix.

Ich möchte sie seh'n.

Der Baron.

Leicht kann es gescheh'n.

(Nach der Terrasse deutend.)

Schon führt sie der Zufall zu mir. —
Ich schließe indessen die Thür.

Er eilt in den Pavillon und schließt, wieder heraustretend, die Thüre.
Während dem schaut Felix in der angedeuteten Richtung in den Garten.

Felix.

Die Dame ist es, die vorhin so schnell mir entschwand! —
Nun wendet sie sich. — O Gott — es ist Röschen!

(In Extase.)

Das also war's, was ahnend mich beglückt
Und mit Gewalt hierher getrieben?
Die Holde, deren Anblick mich entzückt,
Hier find' ich sie und darf sie lieben!

(Wieder nach Röschen schauend.)

Sie geht! — Sie jetzt zu sehen, wäre Gefahr. —

Der Baron hat mittlerweile den Pavillon geschlossen und tritt nun wieder vor.

Der Baron.

Nun legt mir Euer Geheimniß dar.

Felix.

Es sei, doch um einen Preis.

3*

Der Baron.

O nennet ihn!

Felix.

Euer Kind.

Der Baron.

Roswitha! — Ihr wollt Sohn mir sein?!

Felix.

Als meine Gemahlin will ich sie frei'n.

Der Baron.

Es sei! Hier meine Hand.
Und hier (einen Ring vom Finger ziehend), diesen Ring als Unter-
pfand.

Felix, den Ring anstedend.

Roswitha ist mein! — Wenn den Morgen Ihr schaut,
Dann hole ich sie als meine Braut!

Ensemble.

Felix.

Ich hab das Geheimniß ergründet,
Das märchenhaft mich umgiebt,
Und nimmer die Fee mir entschwindet,
Die ahnend mein Herz geliebt.

Der Baron.

Ich werd' das Geheimniß ergründen,
Womit das Metall er belebt.
Er läßt ja die Lösung mich finden,
Wird eigen ihm, was er erstrebt.

Nach gegenseitiger Verbeugung, Beide rasch zu verschiedenen Seiten ab.

Scene 4.

Roswitha allein.

Scene und Arie.

Nach einer Weile erscheint Roswitha auf der Terrasse; sie trägt einen Strauß wilder Rosen. Sinnend schreitet sie die Treppe hinab. — Der Abend ist hereingebrochen, nach und nach wird es Nacht, bis am Schluß der Scene der Mond durch die Wolken bricht.

Roswitha.

Vorbei der Traum! — Röschen entflog
Und Roswitha bin ich wieder. (Zu den Statuen.)
Ich grüß Euch, Ihr steinernen Herren!
Roswitha ist wieder heimgekehrt,
Doch hat sie — so fürcht' ich! — ihr armes Herz
Draußen, in der schönen Welt,
Bei den frohen Menschen gelassen. —
Sie setzt sich auf die Steinbank im Vorgrund links und beginnt, die Rosen zu einem Strauß zu binden.
Von Dornröschen sang er. — Wie klang es doch? —
Was frag' ich! Bin ich nicht selbst Dornröschen?! —
(Aufstehend.)

Arie.

Das Schloß mit seinem erloschenen Glanz,
Die Gärten und Grotten alle
Umzieht der Rosen dorniger Kranz,
Gleich undurchdringlichem Walle.
Bemoost sind die Stufen, üppiges Grün
Hält Fenster und Thore gefangen.
Und Blumen die Marmorbecken durchzieh'n,
Wo lustig die Wasser einst sprangen.
Die steinernen Helden hat wildes Gerank
Stets enger und enger umkettet,
Bis mancher im Kampfe wankte — sank,
Auf grünem Rasen gebettet. —
Und Helden und Ranken
Und Schloß und Garten
In Schlummer sanken,
Des Retters warten! —

Allein, in diesem Märchenreich
Da schreit' ich einher — Dornröschen gleich.
Wird uns der Retter kommen? —
Mein Bangen und Klagen,
Mein Lachen und Singen,
Was kann es mir frommen?
Wer kann es mir sagen
Und wer den Retter mir bringen?!
Armes — armes Röschen! —

Sie setzt sich wieder auf die Steinbank, legt die Rosen in ihren Schooß und beginnt ihre frühere Arbeit wieder. Doch bald läßt sie die Hände sinken und lehnt müde den Kopf zurück. — Langsam tritt der Mond durch die Wolken.

„Prinzessin Dornröschen schlafen muß
Tag und Nacht,
Bis durch des Liebsten Kuß
Sie erwacht!" — —
Auch ich will schlafen — und träumen! —
Wie lange — wird er — noch säumen? —

Langsam schlummert sie ein! — Der Mond erhellt nur stellenweise und eigenthümlich geheimnißvoll den Garten; ein Silberstrahl trifft die schlafende Roswitha.

Am Schluß des Gesanges ist Felix im Hintergrund aufgetreten. Er horcht — erblickt Roswitha und tritt dann näher.

Scene 5.

Roswitha, schlummernd; Felix.

Duett.

Felix, im Anblick der Schlafenden versunken.

Zum Leben erwache, Du Süße!
Dein Retter naht — ich will es sein,
Daß neues Dasein Dich grüße,
Durch meine Liebe Dich befrei'n.
Erwache, Du Holde — Du Süße!

Während das Orchester leise den Refrain des Liedes vom Dornröschen spielt, nähert sich Felix langsam der Schlafenden und küßt sie. — Roswitha erwacht. Felix fällt vor ihr nieder.

Roswitha.

O Gott! — was ist mit mir gescheh'n?
Ein süßes Weh, mir nie bewußt,
Durchzog mein Herz — und Himmelslust!
Sind es Engelsgrüße, die mich umweh'n?

Felix, kniend.

Die Liebe ist es! sie führt Dir zurück
Erlösung — Freiheit — des Himmels Glück!

Roswitha, ihn jetzt erst erblickend.

Felix! —

Felix.

Durch Dornen drang ich, zu Dir zu gelangen,
Durch Kuß und Liebe Dich zu befrei'n.
Nun bin ich selbst gefangen. —
O sage, daß Du mich liebst — sei mein!
Und führe auch mich zu neuem Leben ein.

Roswitha.

Ist es ein Traum — o dann laß mich vergeh'n,
Zu schön ist er — zu schön!

Felix, sie mit seinen Armen umfangen haltend.

An meinem Herzen träume ihn,
Bis der Liebe — des Lebens Rosen Dir blüh'n!

Ensemble.

Roswitha.

Unsagbar ist,
Was hier sich regt,
Und wie in Lust
Das Herz mir schlägt.
Was in meiner Einsamkeit
Mir erschien, ein leuchtender Stern,
So schön, doch ach! — so fern,
Dem Sehnen — Träumen geweiht —
Ist nun mir genaht
Und wurde zur That.

Sein Licht das meine Seele füllt,
Mir Himmelsseligkeit enthüllt,
Und laut zu jubeln drängt es mich:
Ich liebe Dich!

Felix.

Mein Röschen, Du Holde,
Vor Dir möcht' ich knien,
Die mir wie ein Engel
Im Leben erschien.
Dir laut zu sagen
Und immerfort
Das eine Wort:
Ich liebe Dich!
Zu mir Dich neige,
Ein Lächeln mir zeige,
Daß ich das Glück, das geträumte, gefunden,
Unsere Seelen für immer verbunden!
O sage mir Süße — zu Dir flehe ich: —
Ich liebe Dich!

Roswitha.

Nun laß mich — es ist des Glücks zu viel!

Felix.

Ich gehe, Dornröschen! — Morgen bist Du frei!

Roswitha.

Ach, morgen ist wohl der Traum vorbei —
Ein Märchen ist es — ein neckisches Spiel.

Felix.

Zweifle nur! — Doch Eines glaube:
Daß ich Dich liebe, ewig lieben werde.

Roswitha, mit gefalteten Händen nach oben blickend.

Daß mein Erwachen mir dies nicht raube!
Sonst laß mich schlafen — und von der Erde
Hinauf in deinen Himmel zieh'n.

Felix.

In unserer Liebe finde ihn —
Und bei mir! — Hoffe — glaube!

(Er umarmt sie.)

Roswitha, die Umarmung erwidernd.

Wie gerne Dir mein Herz vertraut!
Doch gehe nun.

Felix.

Ich gehe, und morgen
Hole ich Dich als meine Braut.

Roswitha, sinnend.

Morgen! —

Felix, sich langsam entfernend.

Gute Nacht, Dornröschen! — gute Nacht!

Roswitha, plötzlich aufjubelnd.

Dornröschen ist erlös't! —
„An des Liebsten Brust ist sie erwacht,
Ein Wunder, das Liebe, ja die Liebe vollbracht!"

Felix, während dem.

Gute Nacht, Dornröschen! — gute Nacht!

Er verschwindet hinter den Bäumen. Während Roswitha im Vorgrund,
vor Lust zusammen schauernd, vom Monde bestrahlt, stehen bleibt, fällt
langsam der Vorhang.

Ende des zweiten Acts.

Dritter Act.

Saal im Schlosse. — Reicher Rococostyl. In der Hinterwand eine große Bogenöffnung, durch Draperien geschlossen. An den Wänden hängen lebensgroße Familien-Portraits.

Scene 1.

Meta; Floris.

Die Fenster des Saales sind geöffnet, die Möbeln noch theilweise von ihren Plätzen gerückt. Meta und Floris sind mit Stock und Besen, Flederwisch und Tuch beschäftigt zu reinigen, abzustäuben, die Fenster zu schließen.

Duettino.

Meta und Floris, mit Besen und Stock hantirend.

Wir putzen und fegen
Mit Lauge und Regen
Und tüchtigen Schlägen
  Ohn' Rasten und Ruh'n,
Und rühren die Hände
Und führen zu Ende
Behende, behende,
  Was hier noch zu thun.

Floris.

Wohlthätig hat hier der Stock regiert,
  Der Staub ist davongeflogen.

Meta.

Mit Wollust hab' ich den Besen geführt,
  Die Dielen aufgezogen.

Floris, bei den Portraits.

Ich putzte die Damen an der Wand,
Nun sind sie wie neugeboren.

Meta, auf der andern Seite.

Und ich die Herren, die gar galant —
Da hab' ich mein Herz verloren.

Floris, seufzend, den Portraits Küsse zuwerfend.

Ach, wären sie nur am Leben!

Meta, ebenso.

Müßte Jedem ein Küßchen geben.

Floris, zu ihr tretend.

Sie verschmähen Dich,
O, glaube es mir.
D'rum küsse mich,
Ich erlaube es Dir.
Sie werden's nicht übel nehmen.

Meta (kokett-verschämt).

Ich müßte mich schämen. —
Schon legen sie zürnend die Stirne in Falten.

Floris.

Dann muß man ihnen die Augen zuhalten.

Meta.

Als ob das möglich wär'?!

Floris.

Versuchen wir es — mir scheint es nicht schwer!

(Er schaut sich vorsichtig um, dann nähert er sich **Meta,** hält ihr rasch die
Augen zu und küßt sie.)

Beide, ihre früheren Arbeiten wieder aufnehmend.

Wir putzen und fegen
Mit Lauge und Regen
Und tüchtigen Schlägen,
Ohn' Rasten und Ruh'n.
Und rühren die Hände
Und führen zu Ende
Behende, behende,
Was hier noch zu thun.

Chor und Tanz.

Floris, horchend.

Doch horch! — was mag das sein?

Meta.

Tanzend nahen Mädchen und Frauen,
Staunend die Burschen.   Ich ließ sie ein,
Die Wunder des Zauberschlosses zu schauen. —

Meta geht zu der Draperie des Hintergrundes und läßt die Kommenden ein.

Scene 2.

Vorige; Mädchen und Burschen (Chor); Ballet.

Leise, auf den Zehen, tritt der Chor ein, staunend und bewundernd umher-
schauend; in gefälliger Bewegung umkreist das Ballet tanzend die Scene,
ebenfalls bewundernde Blicke umherfendend. Meta und Floris ziehen sich
etwas zurück.

Chor, mit Tanz.

Die Dörfler.

Kaum zu athmen wagend, schreiten
Durch die prächt'gen Säle wir,
Die vor unserm Aug' sich breiten,
Angefüllt mit reichster Zier.
Marmorwände — Säulengärben
Steigen bis zur Decke auf;
Blumenketten, reich an Farben,
Winden sich bis hoch zum Knauf.
Glanz und Reichthum an den Pforten
Schon das Auge grüßen soll.
Prächtig ist es aller Orten —
Dennoch so — geheimnißvoll.
Sollten Geister — Fee'n hier hausen?
Stille! daß Ihr sie nicht weckt.
Schon erfaßt uns banges Grausen —
Wenn uns nur kein Kobold neckt! —

Alle sind ängstlicher geworden. Floris und Meta treten plötzlich mitten
unter sie.

Floris, start.

Haha! Nur gute Geister
Dienen meinem Herrn und Meister.

Der Chor ist erschrocken zurückgewichen. Die Tanzenden haben innegehalten.
Gruppe.

Chor.

Ach, wie habt Ihr uns erschreckt!

Meta.

Doch nun geht! es ist genug.
Wir erwarten hohen Besuch.

Tanz und Chor beginnen auf's Neue, dann entfernen sich Alle langsam und
nach allen Seiten. — Wiederholung des Chors.

Kaum zu athmen wagend, schreiten ꝛc.

Die letzten Paare haben tanzend die Scene verlassen und leise verklingt der
Gesang in der Ferne. — Nach einer Pause tritt Roswitha ein.

Scene 3.

Meta; Floris; Roswitha.

Roswitha, überrascht, erregt sich umschauend.

Was ist geschehen? Die Säle und Corridore, so lange Jahre
verschlossen, sind geöffnet —?

Floris, sich verbeugend.

Geputzt und hergerichtet, wie das Fräulein sehen.

Meta.

Und bereit, eine große und glänzende Gesellschaft zu empfangen

Roswitha.

Rede, Meta! sage mir, was das zu bedeuten hat?

Meta.

Daß Prinzessin Dornröschen mitsammt ihrer Burg, endlich
— endlich aus dem Zauberschlaf erwacht ist.

Roswitha.

Weiter! —

Meta.

Und daß der kühne Ritter, der muthig dies Wunder vollbracht,
bald einziehen wird — um seine Braut sich zu holen.

Roswitha.

Seine — Braut?!

Meta, gewichtig.

Ja! (Geheimnißvoll und auf Floris deutend.) Der dort ist auch einer von dem verschlafenen Hofstaat; er war vordem Leibschütz, oder so etwas, den habe ich mir geweckt.

Roswitha.

Deine Antworten und Reden sind neue Räthsel, die Du mir lösen mußt.

Meta.

Hab' wirklich jetzt keine Zeit dazu, mein Fräulein, denn noch Viel bleibt zu thun, um Alles, was die Zeit verdorben, wieder einigermaßen in Ordnung zu bringen. Auch muß ich meinem erwachten Siebenschläfer hier die nöthige Bewegung verschaffen. (Zu Floris.) Auf denn, um nach andern Staubregionen unsere Wesen, Stöcke und Flederwische, wie unsere eigenen staubgeborenen Personen zu tragen! (Will ab.)

Roswitha, sie zurückhaltend.

So bleibe doch und rede — ich bitte Dich, Meta!

Meta, mit ceremoniellem Knix.

Auf Wiedersehn, Prinzessin Dornröschen!

Floris, sich ceremoniös vor Roswitha verbeugend.

Empfehle mich zu Gnaden, allergnädigste Prinzessin.

(Beide durch eine der Seitenthüren ab.)

Scene 4.

Roswitha, allein.

Cavatine.

Roswitha, jubelnd.

So war es kein Märchen, kein flüchtiger Traum,
    Was gestern ich erlebt?!
Ich fühl' es, denn auf zum Himmelsraum
    Entfesselt mein Hoffen schwebt.
Ein neues Wunder sich gesellt
    Zu dem, das mir schon geschah.
Und was ich erschaut, durch Liebe erhellt,
    Ist Wahrheit, und mir nah!
Der Strahl des neuen Tages traf
    Dornröschen, mit goldenem Blick.
Er weckte mich aus langem Schlaf,
    Zum Leben und Liebesglück!

Scene 5.

Roswitha; der Baron.

Roswitha, auf den Baron zueilend.

Mein Vater! -

Der Baron.

Ich suchte Dich, mein Roswittchen und bin froh, Dich hier zu finden. Ich habe Viel und Wichtiges mit Dir zu reden.

Roswitha, bei Seite.

Endlich werde ich Alles erfahren.

Der Baron.

Ich habe mich lange vor den Menschen verborgen, ihnen mein Haus verschlossen, denn mit hoch-considerablen Arbeiten war ich beschäftigt. Doch jetzt sind meine Problematas gelöst und Alles soll anders werden.

Roswitha, freudig aufathmend.

Wirklich!

Der Baron.

Ich habe unser Schloß öffnen, die Säle herrichten lassen, wir werden wieder Besuche empfangen und recht bald ein Fest feiern, — eine Verlobung.

Roswitha, bei Seite.

Wie ich zittere in banger Erwartung!

Der Baron.

Und die Braut bist Du, mein liebes Roswittchen.

Roswitha.

Ich?! (An seiner Brust.) Ach, Vater, ich darf Dir gestehen, daß Deine Worte mich glücklich gemacht!

Der Baron.

Wie glücklich wirst Du erst werden, wenn Du den Namen Deines Bräutigams erfährst, dem ich Dich mit heiligem Wort und Versprechen angelobt.

Roswitha, ohne aufzuschauen.

Ich kenne ihn schon.

Der Baron.

Nicht möglich! Du sahst ihn noch nie.

Roswitha.

Felix! —

Der Baron.

Ja, dreimal selig bist Du, denn der größte, berühmteste Mann des Jahrhunderts wird Dein Gemahl — und nebenbei auch mein Schwiegersohn.

Roswitha, erstaunt und ängstlich.

Ihr nennt ihn so —?

Der Baron.

Ist es doch kein Anderer, als der große alchymistische Künstler und Adept, Paracelsus der Andere! — (Mußt.) Dort naht er!

(Chrysander erscheint.)

Roswitha, (Chrysander erblickend, entsetzt zurückfahrend.)

Er?! — Großer Gott!! —

Scene 6.

Die Vorigen; Chrysander; dann Felix.

Felix tritt später ein als Chrysander und von Roswitha ungesehen. Er hält ein Schmuckkästchen unter dem Arm.

Quartett. Ensemble.

Roswitha.

Aus all' meinen Himmeln riß mich das Wort
Und um mich wird es Nacht.
Ich träume wohl noch immer fort,
Bin immer noch nicht erwacht!

Der Baron.

Der langersehnte Augenblick naht,
Ein neues Leben beginnt.
Er wird erfüllen, worum ich ihn bat,
Und glücklich wird mein Kind.

Felix.

Die Stunde der Entscheidung naht;
Noch einmal ihr Traum beginnt.
Du wirst mir verzeihen, was ich that,
Daß Liebe den Sieg gewinnt.

Chrysander.

Heim zog ich als simpler Geheimbberath,
Als „Wirklicher" kehr ich zurück,
Weil ich meine Sendung als Diplomat
Mit Weisheit erfüllt und mit Glück.

Felix hält sich während des nun Folgenden im Hintergrunde, von den Uebrigen unbemerkt.

Der Baron, auf Chrysander zutretend.

Paracelsus, großer Wundermann! —

Chrysander, zurückweichend.

Wie sich der Mensch doch irren kann!

Der Baron, entsetzt.

Ihr wäret nicht Paracelsus?

Chrysander.

Nein!

Der Baron.

Wer könnt Ihr denn anders sein?

Chrysander, mit Würde.

Bin Chrysander, Wirklich-Geheimbde-Rath
Und Ritter hoher Orden,
In einer Sendung, sehr delicat,
An Euch befohlen worden.
Die regierende Gräfin von Hohenstein,
Et cetera —
Von Löwenburg und Sassenhein,
Et cetera —
Und Haupt des ältest-regierenden Zweigs,
Et cetera — (Der Baron wiederholt): Et cetera!
Und Fürstin des heiligen römischen Reichs.
Der Baron mit Chrysander:
Et cetera — et cetera!
Sie hält um die Hand Eurer Tochter an
Für ihren Herrn Sohn Je— Maximilian,
Durch mich, Euren ganz ergebenen Knecht. —
Nun sprecht!

Der Baron.

Regierende Fürstin — Du?! — Diese Ehre! —
Wenn jetzt der Wundermann nicht wäre!
Rede Du geschwind
Statt meiner, mein Kind,
Ich bin's nicht im Stand.
Aus Rand und Band
Ist mein armer Verstand.

Roswitha, vortretend, mit Kraft.

Und wollte des Kaisers Sohn mich frei'n —
Ich sagte: nein!

(In diesem Augenblick tritt Felix vor. Roswitha erblickt ihn und eilt
mit einem Freudenschrei auf ihn zu.

Ach, mein Retter!

(Felix verbeugt sich in ceremonieller Weise vor ihr. Roswitha weicht
erschrocken zurück; nun tritt der Baron auf ihn zu.)

Der Baron.

Da ist sein Geselle!
Wo weilt Euer Meister? redet schnelle!

Felix.

Mein Herr folgt mir, zu grüßen die Braut,
Die Euer Wort ihm angetraut.

Roswitha, zu Felix.

Das saget Ihr?!

Felix, das Kästchen öffnend.

Dies Demantgeschmeide,
Als Hochzeitsgabe sendet er Euch.

(Roswitha wendet sich ab.)

Der Baron, mit freudigem Staunen.

O, neues Wunder — neue Freude!
Nun bist Du einer Fürstin gleich.

(Er nimmt die Schmuckstücke.)

Der Wundermann! sogar Kiesel und Sand
Verwandelt er in Diamant.

(Zu Roswitha.)

Sieh nur diese Kette, die funkelnden Spangen! —

(Zu Felix.)

Er komme, komme, die Braut zu empfangen
Aus ihres Vaters Hand.

Ensemble.

Roswitha.

Ist es kein Traum, den hier ich lebe,
Dann möchte ich liegen in tiefem Schlaf,
Und daß es für mich kein Erwachen mehr gebe. —
Doch was da zündend die Seele mir traf,
Des Sternes Licht
Glüht fort und spricht:
Du wirst erwachen!

Felix.

Höher als Glanz, Reichthum und Ruhm
Hält sie die Liebe mit all' ihren Schmerzen.
Holde, bald schwindet Dein böser Traum
Und an des Liebsten Herzen
Sollst Du erwachen!

Der Baron.

Komm, mein Kind, als frohe Braut
Des Ruhm's, der Ehre Dich zu schmücken.
Paracelsus Gattin preis't die Welt;
Auch Du wirst den Lorbeer pflücken.

Chrysander.

Würdig ist sie seiner Hand,
Glücklich er, daß er sie fand.
Wenn Hof und Land dies Bündniß preis't,
Es allwärts dann auch heißt:
Das sind die Thaten
Chrysanders, des Diplomaten!

(Der Baron führt Roswitha durch eine der Seitenthüren fort.)

Scene 7.

Felix; Chrysander.

Felix.

Jetzt redet schnell!

Chrysander.

Hochgräfliche Frau Mutter waren entzückt über die allerfürtrefflichste Wahl und haben zu befehlen geruht, daß der ganze Hofstaat sofort aufzubrechen habe, um die junge fürstliche Braut zu begrüßen. — Bald werden sie hier sein.

Felix.

Gut! — Nun geht, Chrysander, werft Euch in Euren besten Staat und führt dann Alle dort in den anstoßenden Saal. — Ich bin mit Euch zufrieden und bleibe Euch auch ferner in Gnaden gewogen.

Chrysander, mit tiefster Verbeugung.

Durchlaucht, dies eine Wort macht mich zum Glücklichsten der Sterblichen! (Beide ab.)

Scene 8.

Meta und Floris.

Meta.

Sie ziehen in's Schloß! Wie stolz der Herr Chrysander einherschreitet!

Floris.

Er hat auch Ursache dazu, denn während ich — leider! — hier bleiben mußte, hat er der Frau Fürstin die frohe Botschaft überbringen dürfen und ist dafür zum Wirklich-Geheimbden Rath ernannt worden.

Meta.

Dafür mache ich Dich öffentlich zu meinem wirklichen Eheherrn!

Floris.

Das lasse ich mir gefallen!

Meta.

Still! dort kommt der Herr Baron mit dem Fräulein! (Musik.)

Letzte Scene.

Die Vorigen; der Baron und Roswitha, bräutlich geschmückt; dann Chrysander und der fürstliche Hofstaat; Bäuerinnen; später Felix.

Finale.

Wie der Baron Floris erblickt, eilt er auf ihn zu, während Meta zu Roswitha tritt.

Der Baron, unter der Musik gesprochen.

Ah! da ist ja der andere Schüler des Meisters! Wo ist Euer Herr?

Floris.

Dort wird er kommen.

Die Draperien des Hintergrundes werden von Pagen geöffnet. Rath
Chrysander erscheint in reich gesticktem Hofkleide, mächtiger Allonge,
Ordensband um den Hals 2c. Gravitätisch schreitet er auf den Baron zu,
macht ihm eine stumme Verbeugung und pflanzt sich ihm zur Rechten auf,
während Floris zu seiner Linken steht. — Nun erfolgt der Eintritt des
Hofes, in Gallakleidern. Dann, von Pagen angekündigt, Reichsgraf Felix,
über der Weste den Grand Cordon und auf der Brust einen Stern.

Der Baron, während des Aufzugs.

Der Aufzug — wie soll ich ihn deuten?

Roswitha, auf der andern Seite der Scene.

Der Aufzug — wie soll ich ihn deuten?

Chrysander, zum Baron.

Der Hofstaat des Reichsgrafen ziehet ein!

Axis, zu Roswitha.

Prinzessin Dornröschens Hof wird es sein.
Doch scheinen noch halb sie zu schlafen, zu träumen.

Roswitha, sinnend.

Gleich mir! —
Wie lange wird unser Befreier noch säumen?! —

Floris.

Da ist mein Herr! —

Chrysander, pathetisch meldend, gesprochen.

Mein Allergnädigster Herr, Reichsgraf Felix.
(Felix erscheint.)

Roswitha, ihn erblickend, mit einem Aufschrei.

Er ist es! — Felix — Er?! —

Verbeugung des Hofes. Felix grüßt, dann tritt er auf Roswitha zu. —
Hinter Felix sind junge Bäuerinnen mit Blumen 2c. eingetreten.

Der Baron, während dem.

Paracelsus — Reichsgraf — und Wundermann!
Was der Stein der Weisen nicht Alles kann?!

Felix, seine Knie vor Roswitha beugend.

O Holde, die Liebe mich finden ließ,
Eine Rose, in meines Lebens Mai!
Verzeihe! Den Traum ich nicht schwinden hieß,
Daß um so schöner Dein Erwachen sei!
Nun bist Du mein
Und in's volle Leben ziehe ein!

Roswitha, noch immer wie in Sinnen versunken.

O schöner Traum!

*Plötzlich schaut sie auf und eilt in Felix Arme. — (Melodie des Liedes
vom Dornröschen.)*

Doch an des Liebsten Herzen bin nun ich erwacht.

Felix und Roswitha.

Ein Wunder, das treue Liebe vollbracht!

Felix, sich zum Baron wendend.

Um Euer holdselig Kind ich Euch bat
In aller Form *(auf Chrysander deutend)*, durch meinen Rath,
Obgleich Euer Wort sie mir schon verband.

(Ihm den Ring an seinem Finger zeigend.)

Seht hier Euer Pfand!

Der Baron.

Wie, Durchlaucht — Ihr habt das Wunder vollbracht,
Aus Kupfer echtes Gold gemacht? —
Das müßt Ihr mir beweisen.

Felix, Roswitha an sich pressend.
(Melodie des Liedes im zweiten Act.)

O glaubt mir, jed' Ringen nach goldenem Tand
Muß trügerisch sich erweisen;
Nur Der, der liebt und geliebt wird, fand
Den wahren Stein der Weisen!

Schlußgesang.

Roswitha. Felix.

An des Liebsten Brust ${bin ich \atop bist Du}$ erwacht,
Zu singen und zu preisen
Die Liebe, die dies Wunder vollbracht,
Als echter Stein der Weisen.

www.ingramcontent.com/pod-product-compliance
Lightning Source LLC
Chambersburg PA
CBHW021641270326
41931CB00008B/1110